spot

DEPORTES

ATLETISMO

por Mari Schuh

AMICUS | AMICUS INK

bala

barra

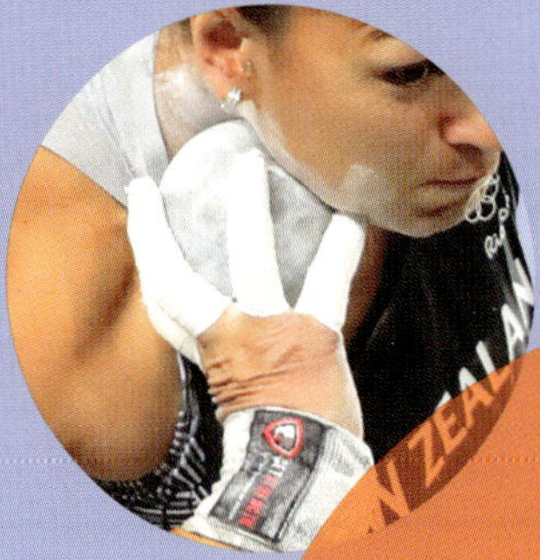

Busca estas
palabras e imágenes
mientras lees.

carril

testigo

¡Veamos la competencia de atletismo! Los corredores toman sus marcas. Listos. ¡Fuera!

Diez equipos están en la competición de hoy. Los corredores corren en la pista grande. Otros eventos están en el campo.

Rio2016

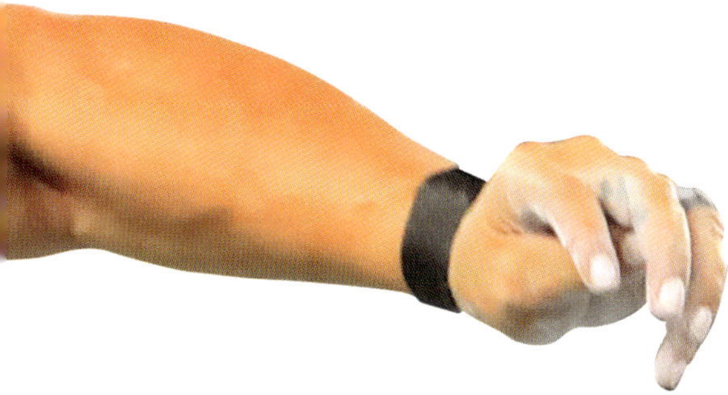

bala

¿Ves la bala?
Es una pelota pesada.
Ella gira. Ella lanza.

barra

¿Ves la barra?
La atleta salta sobre ella.
¡Gana el salto alto!

¿Ves el carril? Esta pista tiene nueve carriles.

¿Ves la testigo? El corredor la pasa. Cuatro corredores forman un equipo de relevos.

testigo

Los corredores cruzan la línea de llegada. ¡Guau! ¡La carrera está reñida!

bala

barra

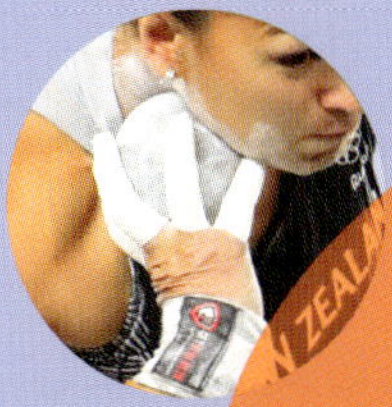

¿Lo encontraste?

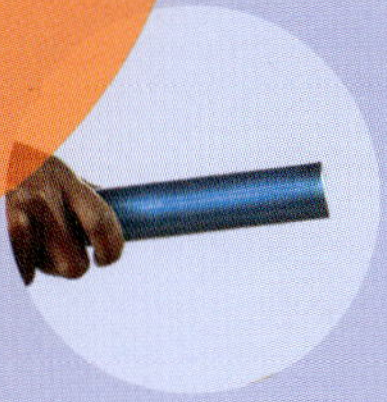

carril

testigo

Spot es una publicación de Amicus y Amicus Ink
P.O. Box 1329, Mankato, MN 56002
www.amicuspublishing.us

Library of Congress Cataloging-in-Publication Data
Names: Schuh, Mari C., 1975- author.
Title: Atletismo / Mari C. Schuh.
Other titles: Track & field. Spanish
Description: Mankato, MN : Amicus, 2021. | Series: Spot. Deportes | Audience: Ages 4-7 | Audience: Grades K-1 | Summary: "North American Spanish translation of Spot Track and Field. Elementary sports fans will clear key vocabulary hurdles in this high-interest leveled reader about track and field events. Simple text and color photos touch on the shot put, high jump, and running events. A search-and-find feature reinforces key vocabulary"-- Provided by publisher.
Identifiers: LCCN 2019050205 (print) | LCCN 2019050206 (ebook) | ISBN 9781645491934 (library binding) | ISBN 9781681527222 (paperback) | ISBN 9781645492191 (pdf)
Subjects: LCSH: Track and field--Juvenile literature.
Classification: LCC GV1060.55 .S3618 2021 (print) | LCC GV1060.55 (ebook) | DDC 796.42--dc23
LC record available at https://lccn.loc.gov/2019050205
LC ebook record available at https://lccn.loc.gov/2019050206

Impreso en los Estados Unidos de America

HC 10 9 8 7 6 5 4 3 2 1
PB 10 9 8 7 6 5 4 3 2 1

For Coach Bob Bonk and the Fairmont Cardinals —MS

Gillia Olson, editora
Deb Miner, diseñadora de la serie
Aubrey Harper, diseñadora de libro & investigación fotográfica

Créditos de las imágenes: AP/David J. Phillip 14–15, Lee Jin-man 3, Matt Dunham 8–9, Michael Kappeler 6–7; Getty/City-Press 4–5; iStock/4x6 1, anton5146 cover, 16, Moof 12–13; Newscom/Eleanor Scriven/robertharding 10–11